MW01643626

Luxembourg
Patrimoine mondial

En collaboration avec le
Service des Sites et Monuments nationaux
Ministère de la Culture

LAYOUT: LAMBERT HERR

LUXEMBOURG, 1997

ISBN: 2-87963-273-0

Luc DIEDERICH
TEXTE

Alain SOLDEVILLE
PHOTOS

Conny SCHEEL
VUES AÉRIENNES

LUXEMBOURG
PATRIMOINE MONDIAL

Inscription de la ville de Luxembourg sur la Liste du patrimoine mondial de l'UNESCO

Editions Saint-Paul

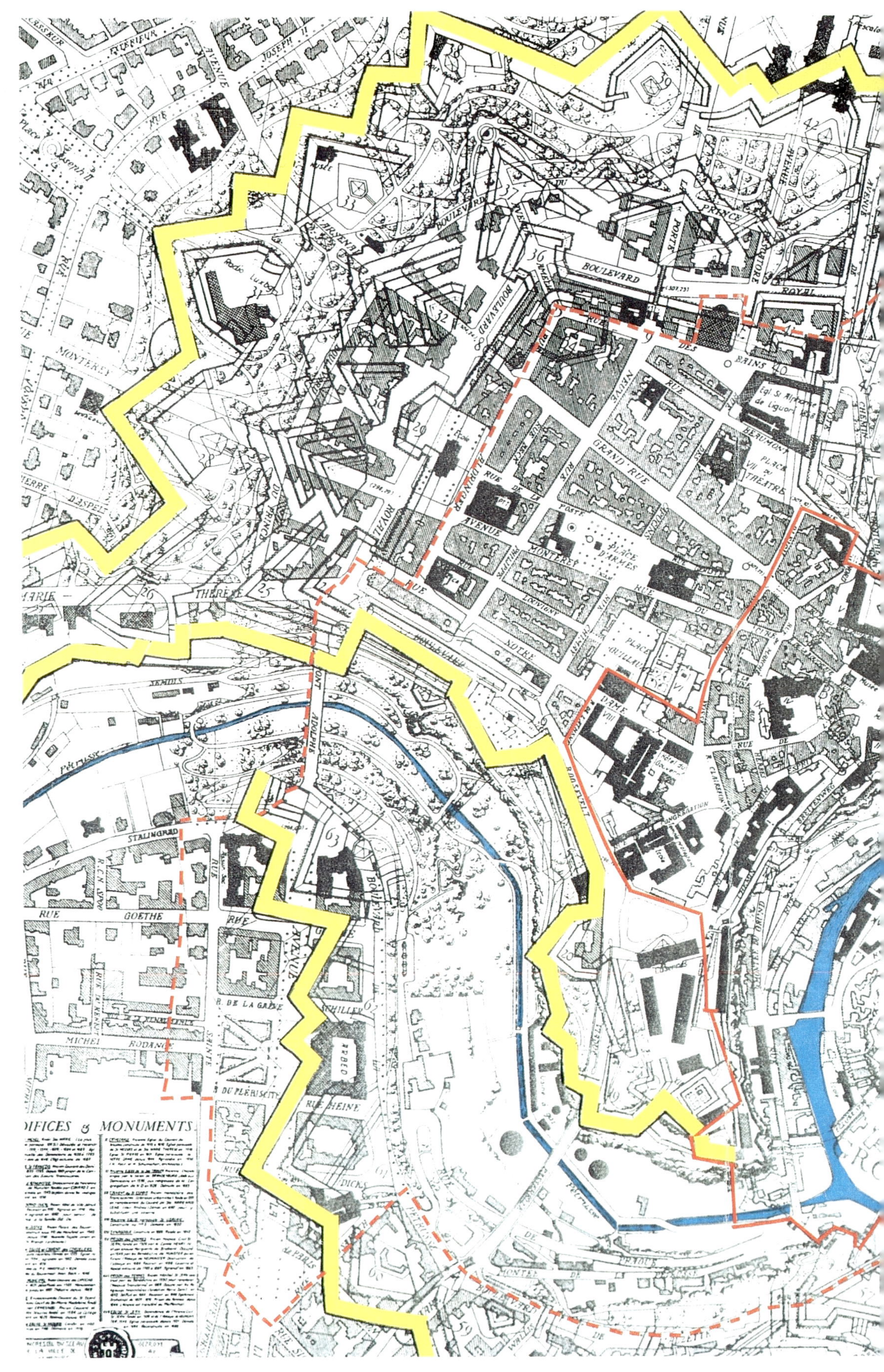

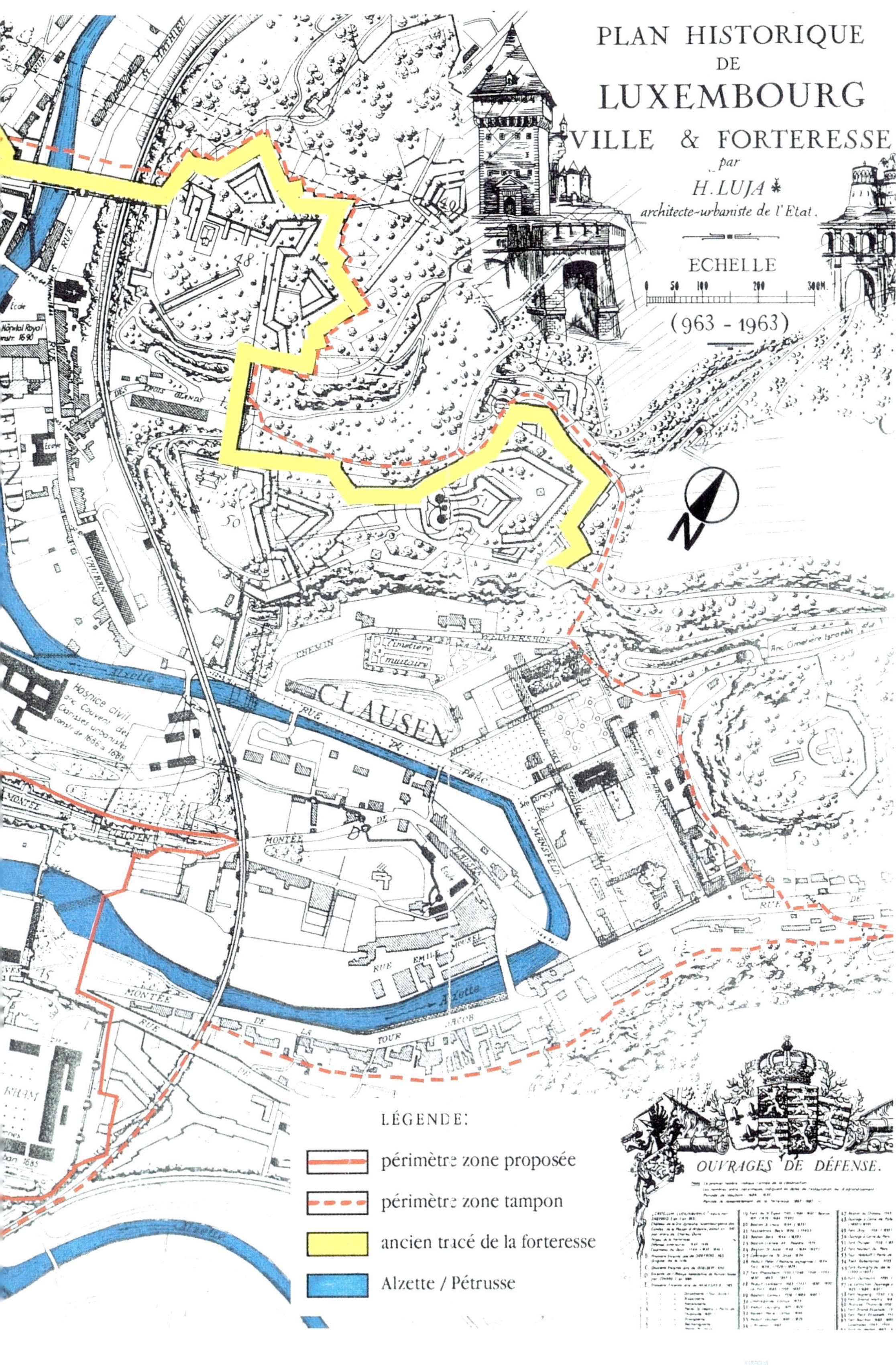
PLAN HISTORIQUE
DE
LUXEMBOURG
VILLE & FORTERESSE
par
H. LUJA
architecte-urbaniste de l'Etat.
ECHELLE
(963 - 1963)
CLAUSEN
PFAFFENDAL
Alzette
OUVRAGES DE DÉFENSE.
LÉGENDE:
périmètre zone proposée
périmètre zone tampon
ancien tracé de la forteresse
Alzette / Pétrusse

Inscription sur la Liste du patrimoine mondial

Libellé de l'Unesco:

*«Les vieux quartiers
et les
fortifications
de la
Ville de Luxembourg
montrent,
dans un environnement
naturel saisissant,
des vestiges impressionnants
de l'ancienne cité.
Luxembourg,
dont la fondation
date de 963,
a joué
un rôle important
dans l'histoire européenne
des siècles durant.»*

17 décembre 1994

L'UNESCO et le patrimoine mondial

L'Unesco (United Nations Educational, Scientific and Cultural Organization), qui a fêté son 50e anniversaire en 1995, est une institution spécialisée, constituée pour protéger les libertés humaines et développer la culture. La création de cette institution, le 16 novembre 1945, a été liée directement à la fin de la dernière guerre mondiale et à la volonté des puissances alliées d'éviter à l'avenir un nouveau conflit meurtrier. Ce lien est d'ailleurs clairement indiqué par l'article célèbre du préambule: «Les guerres prenant naissance dans l'esprit des hommes, c'est dans l'esprit des hommes que doivent être élevées les défenses de la paix.» En d'autres termes, la mission spécifique de l'Unesco repose sur le principe, somme toute logique, que la paix ne peut être assurée uniquement par un équilibre des forces.

L'élément fondamental de la mission de l'Unesco consiste donc à jeter les fondements d'une paix durable et d'un développement équitable dans toutes les sociétés du monde. Pour réaliser cela, les actions de l'Unesco sont regroupées en cinq champs majeurs de programme: Éducation, Science, Culture, Communication et Sciences sociales.

Le programme «Culture» place l'accent sur les dimensions culturelles du développement et sur la protection du patrimoine culturel et naturel. D'après l'Unesco, ce patrimoine culturel et naturel fait partie des biens inestimables et irremplaçables non seulement de chaque nation mais de l'humanité tout entière.

Qu'y a-t-il de commun entre les pyramides d'Égypte et le parc naturel du Yellowstone aux États-Unis? Entre le mont St-Michel et la médina de Tunis? Entre les îles Galapagos équatoriales et le château de Chambord? Probablement rien, sinon qu'il s'agit de monuments et de sites également prestigieux dont la disparition constituerait une perte irréparable pour le monde entier et pour chacun d'entre nous. Ces monuments et ces sites sont inscrits parmi beaucoup d'autres sur une même liste, la Liste du patrimoine mondial dont il s'agit d'assurer le mieux possible la protection, la conservation et la mise en valeur adéquates.

Tel est l'objet de la «Convention concernant la protection du patrimoine mondial» adoptée par la Conférence générale de l'Unesco en 1972, et à laquelle 147 États ont adhéré jusqu'à ce jour. Son rôle est tout d'abord de définir ce patrimoine mondial, c'est-à-dire de dresser la liste de monuments et de sites situés dans les États parties dont l'intérêt est considéré comme exceptionnel et la valeur comme universelle, de sorte que leur sauvegarde intéresse l'humanité tout entière.

Luxembourg,
fleuron du patrimoine mondial

L'inscription de ***Luxembourg: vieux quartiers et fortifications*** *sur la Liste du patrimoine mondial a été ressentie par les milieux intéressés comme une heureuse surprise et une consécration de la Ville européenne de la Culture 1995. Mais elle n'a pas manqué non plus de susciter un certain nombre de questions concernant le périmètre du site, les critères d'inscription et surtout les obligations de notre capitale à l'égard de l'Unesco.*

Protégé par une zone tampon plus vaste, le périmètre comprend grosso modo trois ensembles:

- *les quartiers historiques qui se sont développés à partir de l'ancienne «acropole» du Bock et qui se recoupent plus ou moins avec la deuxième enceinte de la ville,*
- *le quartier gouvernemental avec le palais grand-ducal, la cathédrale et la mairie,*
- *la ville basse du Grund entourée par le mur de Wenceslas, le plateau du St-Esprit et le chemin de la Corniche.*

Malgré son apparence disparate à première vue, ce périmètre n'est pas dépourvu d'une certaine unité, liée à l'histoire de la ville et à l'extension progressive de la forteresse.

Pour qu'un bien culturel soit classé sur la Liste du patrimoine mondial, il faut qu'il réponde à l'un au moins de six critères définis par l'Unesco. Dans la recommandation finale de l'Icomos, qui a servi de base au vote unanime du Comité du patrimoine mondial, l'inscription du site luxembourgeois est justifiée (par référence au critère IV) de la manière suivante: «Luxembourg a joué un rôle important dans l'histoire de l'Europe pendant plusieurs siècles. Elle a su préserver les vestiges de ses impressionnantes fortifications dans un environnement naturel exceptionnel.»

Un site proposé pour inscription doit également résister à l'évaluation de son authenticité: topologie et morphologie de l'architecture, matériaux et techniques employés, fonction et affectation des bâtiments. L'expert de l'Icomos qui a fait cette évaluation in situ a analysé de manière scientifique tous les paramètres qui confèrent à notre capitale son caractère unique et en font un «townscape», un paysage urbain d'une grande beauté.

Mais au-delà de ces critères il y a, insaisissable et partout présent, le genius loci que le visiteur averti découvre dans les ruelles moyenâgeuses et escarpées, sur la promenade de la

Corniche qu'on a surnommée le Balcon de l'Europe, dans les casemates, dans les recoins de la ville basse, à tel détour de l'Alzette où l'on pourrait se croire égaré dans quelque calle vénitienne, sur les hauteurs environnantes qui offrent les plus belles vues sur le rocher du Bock au fond duquel se terre Mélusine, la légendaire épouse de Sigefroid…

L'inscription d'un bien culturel sur la Liste du patrimoine mondial étant la reconnaissance, par la communauté internationale, de sa valeur universelle exceptionnelle, elle signifie en fait que ce bien appartient désormais à l'humanité tout entière et qu'il s'agit de le préserver à la postérité.

Cette reconnaissance impose à l'État, auquel seul incombe d'ailleurs l'initiative de faire acte de candidature, l'obligation de protéger, de gérer et de mettre en valeur le site inscrit.

Cela ne signifie pas que l'Unesco et le Comité du patrimoine mondial interviennent directement dans les affaires internes d'un État. Mais ils exercent une sorte de monitoring, de surveillance permanente sur le site, et font part à l'État concerné de leurs observations, de leurs suggestions et de leurs appréhensions éventuelles.

En fait, la seule sanction possible étant l'exclusion de la Liste, l'engagement d'un État à l'égard de la communauté internationale est avant tout d'ordre moral. Il consiste à ne pas dégrader le site par des interventions urbanistiques inconsidérées, à ne pas céder à d'éventuelles pressions immobilières ou à d'autres intérêts contraires à la sauvegarde du site.

Dans cette optique, il me paraît primordial d'associer à tout projet urbanistique d'envergure touchant au site des experts de l'Unesco et de l'Icomos, de mettre à profit leur savoir et leur savoir-faire, de tenir compte de leur regard d'observateur externe. Par exemple, certains de ces experts se sont montrés choqués par l'intense circulation dans la montée de Clausen à laquelle nous sommes peut-être trop habitués. Matière à réflexion!

Ainsi donc, au-delà de l'obligation à l'égard de la communauté internationale, nous avons surtout une obligation envers nous-mêmes. L'inscription d'un site luxembourgeois sur la Liste du patrimoine mondial devra être l'occasion pour tous nos concitoyens, et surtout pour nos responsables politiques, d'une conscience accrue de notre patrimoine national.

Jean-Pierre Kraemer
Président de la Commission nationale pour la coopération avec l'Unesco

PRÉFACE

Je suis heureux de pouvoir préfacer ce livre sur le Patrimoine mondial et la Ville de Luxembourg pour plusieurs raisons.

Tout d'abord parce que la Ville de Luxembourg répond de manière inhabituelle aux critères de la «World Heritage Convention» de l'Unesco.

Selon certains, Luxembourg n'a pas la clarté structurelle de certaines cités de la Renaissance italienne, ni la riche complexité des communes médiévales, ni des ensembles architectoniques conservés dans leur totalité. Toutefois Luxembourg possède une structure urbaine spécifique, répondant de manière originale aux mêmes principes de la Charte mondiale de l'Unesco, tels son unicité, caractère et authenticité autant que la qualité de la gestion de son patrimoine. Les critères de l'Unesco visent surtout les qualités exceptionnelles de la ville candidate, au niveau historique, artistique ou scientifique.

Le problème majeur pour faire accepter Luxembourg par l'Unesco me posait un cas de conscience. Il fallait faire la part des choses correctement et accepter honnêtement que la forme des «choses» architectoniques à Luxembourg – dans le sens heideggerien de «porteuse de signification» – s'était rarement inspirée d'une théorie esthétique. Elle est davantage le résultat d'un dialogue exceptionnel avec son contexte géographique et topographique d'une part, son histoire militaire et la culture du lieu de l'autre.

La qualité formelle de l'architecture luxembourgeoise est liée au sol, elle est spécifiquement régionale. Elle est authentique par son caractère vernaculaire. La ville et l'architecture sont un langage de signes. A Luxembourg, il est vernaculaire, comme la langue de son peuple.

La zone proposée par le Grand-Duché pour l'inscription sur la Liste du Patrimoine mondial de l'Unesco comportait trois ensembles dans la ville de Luxembourg.

Le premier en forme le noyau. Il englobe les quartiers anciens, y compris le rocher du Bock que je considère comme l'acropole luxembourgeoise. Il formait déjà à la fin du XIe siècle un noyau urbain délimité par une première enceinte au-delà du Marché-aux-Poissons, et d'une seconde enceinte à la fin du XIIe siècle, tangente à l'actuel «Knuedler». Ce second mur d'enceinte marque encore la limite et la transition de la structure médiévale de la vieille ville avec la nouvelle ville orthogonale construite aux XVe et XVIe siècles.

Le deuxième ensemble réunit le quartier gouvernemental et la cathédrale.

Le troisième est délimité au nord par le rocher du Bock, à l'est par le mur de Wenceslas, au sud par le plateau du Rham enveloppé par la 3e enceinte butant contre le plateau du Saint-Esprit, le chemin de la Corniche fixant la limite ouest de la zone proposée.

Le caractère de la Ville de Luxembourg est surtout marqué par son passé militaire, imposé par les différentes occupations étrangères: bourguignonne, espagnole, française, autrichienne et prussienne, qui a donné à la ville sa morphologie et sa physionomie actuelle. Cette stratigraphie des fortifications militaires, et de leurs modifications successives, octroie au site un caractère imprenable.

La deuxième caractéristique concerne la topographie du site. Ici la dualité entre les grands travaux de génie militaire à caractère européen d'une part, la typologie et la morphologie architecturale et urbanistique à caractère régional de l'autre, ainsi que la symbiose avec son paysage appuyé par une topologie complexe, créent à Luxembourg une unicité définissant son «genius loci».

Le caractère de Luxembourg est également marqué par sa géographie. Il s'agit d'un paysage ouvert, plein de contrastes, créé par la vallée de l'Alzette qui forme un double S renversé, et la Pétrusse. La vallée est flanquée d'impressionnants rochers transformés en bastions, escarpes et contrescarpes, atteignant une cinquantaine de mètres de hauteur. Le site est hautement pittoresque et en même temps dramatique de par le ravin profond qui n'est enjambé qu'à quelques endroits précis de ponts et de viaducs à la fois élégants et majestueux. Luxembourg est un témoignage millénaire de la transformation harmonieuse de la nature par l'homme.

Finalement le caractère de Luxembourg est marqué par le soin avec lequel elle traite son patrimoine et actualise la mémoire du Lieu.

Comment préserver un riche passé européen, tout en l'actualisant? Comment éviter la muséification du patrimoine, tout en l'intégrant dans la continuité de l'histoire humaine? Luxembourg donne la réponse.

Ainsi on peut dire que Luxembourg présente un caractère militaire européen inexpugnable, enveloppant une structure urbaine et une architecture à morphologie et typologie régionales, en symbiose avec un site naturel impressionnant, jouissant d'une compréhension culturelle active.

L'authenticité de l'ensemble urbain luxembourgeois est le résultat de la pérennité typologique et morphologique de son architecture, d'une utilisation correcte des matériaux et techniques traditionnels et contemporains, du choix judicieux des fonctions et de leurs potentialités à se réactualiser. L'authenticité peut être maintenue, non seulement en respectant la structure et le caractère de la ville, de son site naturel et de son contexte, mais tout autant en réactualisant et en réutilisant ce patrimoine avec intelligence et selon les règles de l'art.

Je félicite les responsables pour leur politique éclairée et, au niveau de la réhabilitation urbaine, le Service des Sites et Monuments Nationaux, pour l'excellent travail de réactualisation et de conservation urbaines, réalisé selon les principes de la Charte de Venise. Je pense ici également aux éléments d'architecture contemporaine des nouveaux bâtiments d'accueil, à l'adaptation du «Tutesall», à la construction de rampes et d'escaliers faisant partie intégrale des circuits culturels, et à la restauration des Tours du Rham avec les nouvelles plates-formes d'observation et les escaliers métalliques.

Je souligne la volonté de lier à cette opération urbaine un souci pédagogique particulier par la création de l'itinéraire Wenceslas «1000 ans en 100 minutes» ayant comme leitmotiv: «l'obligation de nous entretenir sur notre passé avec nos contemporains, pour leur permettre de lire notre histoire».

La grande qualité de cette initiative est basée sur une recherche scientifique sérieuse aux niveaux archéologique, historique et de restauration. Un vocabulaire architectural de qualité indique les circuits et les nouvelles constructions. L'avenir du passé semble bien assuré.

La qualité du dossier introduit par le Gouvernement luxembourgeois a largement facilité l'évaluation qu'il fallait faire. Mes contacts avec les réalités urbanistiques de Luxembourg n'ont fait que confirmer l'exactitude du dossier et les intentions de la ville: ne pas considérer le prestige de la ville historique uniquement pour ce qu'elle a signifié dans le passé, mais tout autant rechercher en elle ses potentialités d'avenir. Précisément dans cette volonté de symbiose entre un passé prestigieux et un avenir symbolique se situent la qualité et la volonté intellectuelle, patrimoniale et urbaine d'une cité à vocation éminemment européenne.

Toutefois il ne faut pas se leurrer: les responsables politiques et urbanistiques des villes historiques importantes subissent aujourd'hui de plus en plus de pressions financières à court terme, qui mènent à la désintégration progressive de ce qu'elles ont de plus précieux et irremplaçable: leur patrimoine urbain et architectural.

Il faut en tout cas veiller à ce que la ville reste habitée et habitable, afin que les structures sociales subsistent. Il faut à tout prix prévenir la muséification de la ville, afin d'éviter toute aliénation pouvant provoquer vandalisme, délinquance et criminalité.

Tout tient à tout. Le sociétal et l'urbain sont plus que jamais corollaires, c'est pourquoi il faut veiller à une politique urbanistique de plus en plus globale, où le patrimoine, l'architecture, la mobilité et l'urbanisme maîtrisent les développements immobiliers et fonciers, dont Oscar Wilde observait: «They know the price of everything but the value of nothing.»

15 septembre 1996

Prof. Jan Tanghe
architecte et urbaniste
expert auprès du Conseil de l'Europe
et de l'Unesco

Tableau de Jean-Baptiste Fresez (1800-1867)
Vue de la ville de Luxembourg depuis la route d'Eich
Musée national d'histoire et d'art, Luxembourg

Introduction: L'histoire de la ville de Luxembourg

Le site de la ville de Luxembourg se trouve à l'emplacement d'un croisement de deux routes romaines importantes. L'intersection de ces deux routes anciennes se faisait aux environs de l'actuel Marché-aux-Poissons.

Vers 963, un comte mosellan, Sigefroid, érigea un château sur le rocher du Bock. Par un acte d'échange avec l'abbaye St-Maximin de Trèves, il devint propriétaire du site. Autour de cet espace protégé se fixèrent aussitôt les serviteurs et les gens armés du comte.

La place du marché, le «Vieux Marché», devint ainsi le berceau de l'actuelle ville haute. A proximité du château fort, au fond de la vallée de l'Alzette, des habitants étaient déjà relatés par un document de 926.

Leurs demeures formaient les origines des futures villes basses du Grund et du Pfaffenthal, situées aux bords de l'Alzette.

Deux siècles plus tard le bourg avait pris une telle importance qu'on décida de construire une autre enceinte.

D'après les dernières recherches, cette deuxième enceinte devait être construite vers 1200.

Durant les XIVe et XVe siècles, une troisième enceinte fut construite. Celle-ci assurait aussi la défense de la ville basse du Grund. La période de construction de cette partie de la troisième enceinte est à situer principalement au cours des XVe et XVIe siècles. Le destin militaire de la ville de Luxembourg s'esquissa lentement.

A partir du XVIe siècle, la ville, avec ses fortifications, était devenue un enjeu stratégique et militaire. Que ce soient la maison de Bourgogne, les Habsbourg, les rois de France ou les empereurs d'Allemagne, chacun voulait être en possession de la forteresse du Luxembourg. Ainsi jusqu'en 1867, la ville, à cause de sa valeur stratégique importante, resta enserrée dans le carcan des fortins et des bastions. La douceur de vivre et les fastes de l'Ancien Régime n'y sont guère connus et les habitants supportent mal «les logements militaires», c'est-à-dire l'obligation de loger des militaires dans leurs maisons.

Le développement et le perfectionnement continus des fortifications ont fait de la ville de Luxembourg une des forteresses les plus réputées d'Europe occidentale. Gloire redoutable, car elle a entraîné le Luxembourg dans la plupart des conflits qui ont ravagé l'Europe du XVIe au XVIIIe siècle.

Premier plan connu de la ville de Luxembourg. Il fut levé vers 1560 par Jacob van Deventer

Bibliothèque Royale Albert Ier à Bruxelles

Noordt.
Lutzenburg
Monster
Oost.

Durant plus de 300 ans (du XVIe au XIXe siècle), la ville a connu une évolution architecturo-militaire exceptionnelle. En effet, les différents souverains étrangers qui ont régné sur le duché ont tous laissé des traces à travers leurs ouvrages de fortification, et chacun d'entre eux a plus ou moins participé à la formation de la silhouette de la ville. Ainsi l'aspect actuel résulte d'une stratification historique due à la succession des différentes présences étrangères.

En ce qui concerne le développement de la forteresse, on distingue quatre grandes périodes de construction qui correspondent à quatre périodes de présence étrangère:

époque espagnole: 1555-1684
époque française: 1684-1697
époque autrichienne: 1715-1795
époque de la garnison prussienne: 1815-1867

Époque espagnole:

Après la mainmise de Philippe de Bourgogne sur le duché de Luxembourg en 1443, ce dernier passe, par une série de mariages et d'héritages, avec les Pays-Bas aux mains des Habsbourg et devient espagnol en 1555.

A l'époque espagnole, le développement de la forteresse se situe avant tout au XVIIe siècle et surtout au cours des années 1671 à 1684.

La menace d'une invasion française conduit les responsables espagnols à construire des redoutes et des contregardes sur le front ouest, front le plus vulnérable de la forteresse.

Afin de mieux contrôler les accès à la ville haute par les faubourgs du Grund et du Pfaffenthal, une centaine de maisons desdits faubourgs sont démolies et leurs habitants sont relogés dans la ville haute où de nouvelles rues sont créées. Celles-ci portent encore aujourd'hui les noms de personnalités espagnoles de l'époque (Monterey, Louvigny, Chimay). De même, les premières casernes de la ville de Luxembourg sont bâties pour loger une partie des soldats, dont le nombre ne cesse d'augmenter.

Époque française:

Décidé à imposer la prépondérance de la France en Europe, Louis XIV s'empare de la ville et de la forteresse de Luxembourg en 1684.

Pendant les treize ans de souveraineté française, Vauban, commissaire général des fortifications, mène à bien un vaste projet de construction qui rendra célèbre la forteresse.

Le faubourg du Pfaffenthal est intégré dans le système défensif de la ville et relié au Grund. Vauban renforce les points faibles de la défense (front ouest) par l'aménagement de grandes redoutes et il établit des fortins sur la rive droite de l'Alzette et de la Pétrusse.

Il renforce surtout les zones mal défendues d'où lui-même avait bombardé la ville lors du siège de 1684.

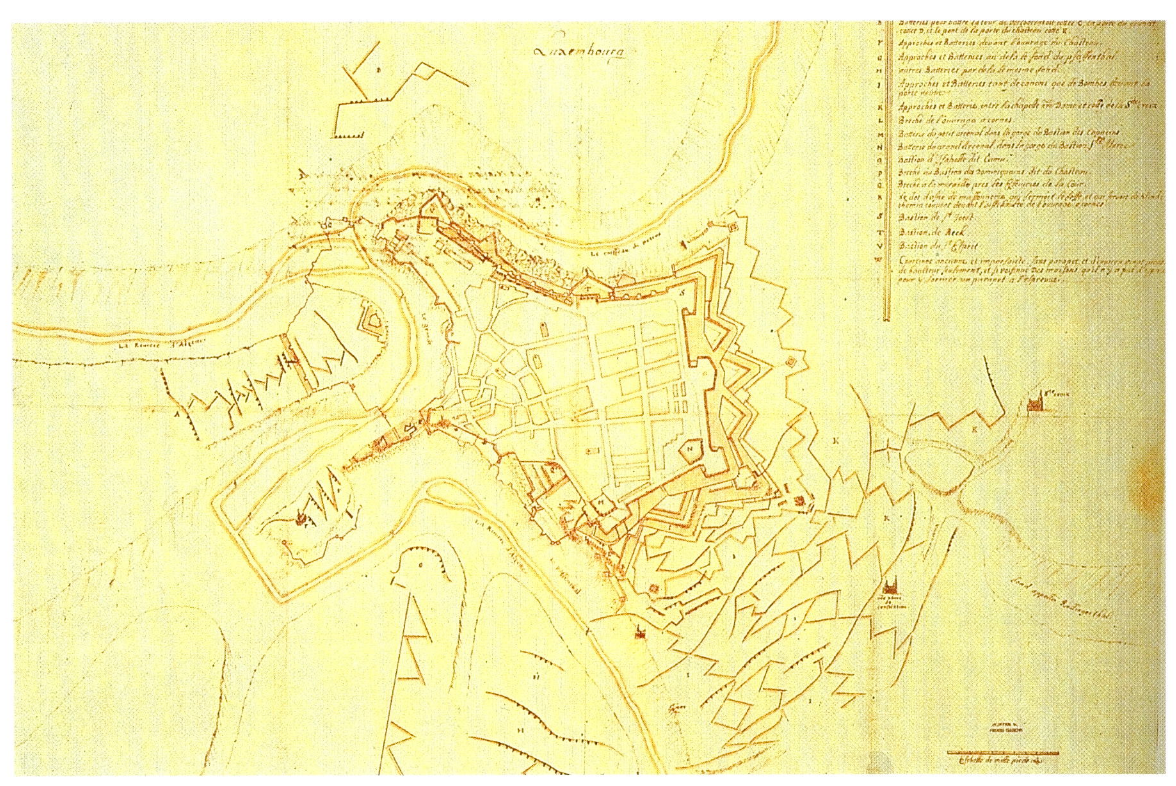

Plan de l'attaque de la ville de Luxembourg en 1684

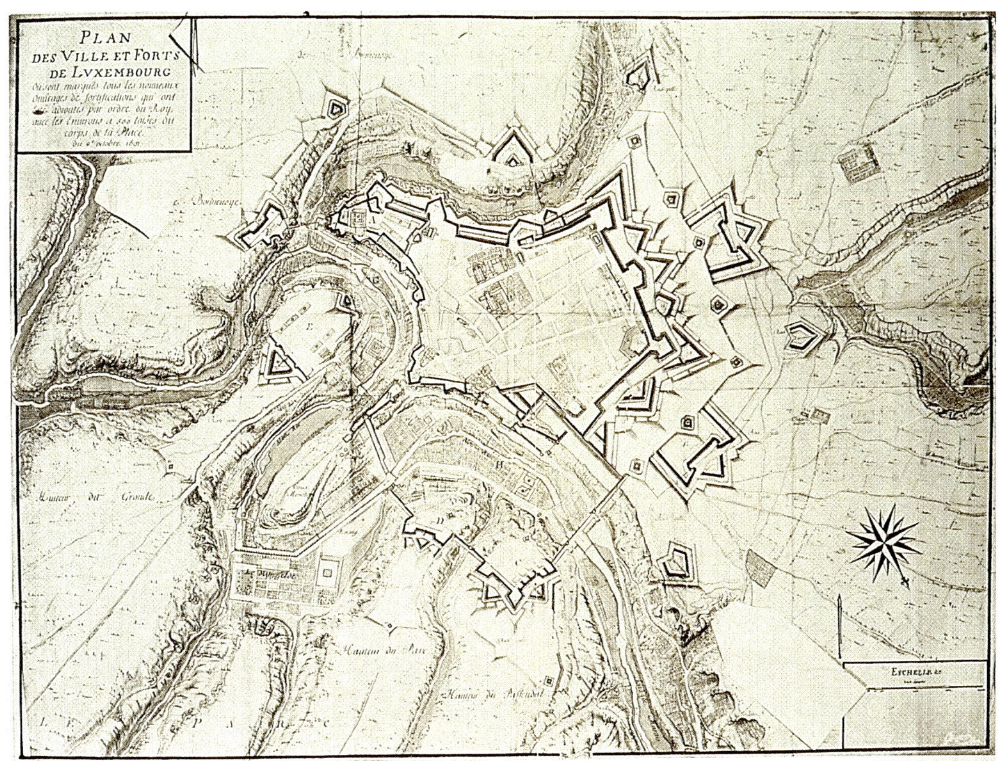

Plan de la forteresse de Luxembourg (1697)

Musée national d'histoire et d'art, Luxembourg

L'agrandissement de la forteresse et le perfectionnement du système défensif ont fait de la ville de Luxembourg une place forte réputée imprenable, bientôt surnommée Gibraltar du Nord.

De même Vauban édifie plusieurs casernes sur le plateau du Rham, sur celui du St-Esprit et dans le faubourg du Pfaffenthal. On voit donc que Vauban a influencé de manière déterminante la physionomie de la ville.

Époque autrichienne:

A la fin de la guerre de succession d'Espagne (1701-1713/14), le duché de Luxembourg échoit, avec les Pays-Bas, aux Habsbourg d'Autriche. En 1726, un plan ambitieux, destiné à faire de Luxembourg une pièce maîtresse dans le système défensif des Pays-Bas autrichiens, est établi. Les travaux s'étendent sur quarante ans.

Tout autour de la ville, de nouveaux forts sont créés (par exemple les forts Charles et Rheinsheim et les forts Thüngen et Olizy).

Pour permettre un déplacement rapide d'une fortification à l'autre, tout en restant à l'abri des bombes, plusieurs casemates seront creusées dans le rocher. Les deux ensembles principaux se situent l'un dans le rocher du Bock et l'autre dans le flanc de la vallée de la Pétrusse.

A côté de ces grands travaux, il faut mentionner la construction de plusieurs dizaines de kilomètres de mines souterraines, celle d'écluses, de ponts, de puits, de casernes et de dépôts militaires.

Époque de la garnison prussienne:

Au XIXe siècle, à la suite du congrès de Vienne, l'ancien duché devenu grand-duché de Luxembourg fera partie de la Confédération germanique. Une garnison prussienne s'installera dans la forteresse fédérale (de 1815 à 1867). A partir de 1826, les autorités prussiennes procèdent à d'importants travaux de rénovation (p. ex. au Fort Thüngen) et de construction (p. ex. le Fort Wedell).

Les Prussiens érigent également deux hôpitaux de guerre, l'un au Grund, l'autre sur le plateau du St-Esprit, et une caserne militaire sur le plateau du Rham.

Ces trois bâtiments existent encore de nos jours et constituent un bel exemple du patrimoine militaire de la ville. Des travaux de fortification sont encore en cours quand, en 1867, le congrès de Londres décide de faire démanteler la forteresse.

Démantèlement de la forteresse:

Lorsque la garnison prussienne quitte la ville, le 9 septembre 1867, les travaux de démantèlement de la forteresse sont déjà entamés. On détruit les constructions en hauteur pour combler les fossés, les mines et autres constructions souterraines.

Plan de la forteresse
de Luxembourg (1749)

Le front de la plaine (ouest) est presque entièrement démoli. Les redoutes, les contregardes et les forts sont entièrement rasés. Quelques années plus tard, on y aménagera le parc municipal.

Le front de Thionville (sud) a été traité d'une manière moins radicale. Du côté de la ville haute, il est resté presque intact et aujourd'hui encore les constructions militaires surplombent majestueusement la vallée de la Pétrusse. Par contre, aucun ouvrage défensif n'a été épargné sur le plateau Bourbon, sur l'autre versant de la vallée, de sorte qu'il n'y reste presque plus rien qui puisse témoigner du passé militaire de cette partie de la ville.

Quant aux fronts de Trèves et du Grünewald (nord et est), quelques ouvrages subsistent encore.

En effet, on y trouve le seul fort avancé de la forteresse qui soit encore partiellement conservé: le Fort Thüngen. Les fortifications de la ville de Luxembourg s'étendaient, au moment du démantèlement, sur près de 180 hectares; tandis que la ville même couvrait seulement 120 hectares. Le démantèlement, achevé en 1883, devait permettre l'ouverture et donc l'expansion de la ville qui, durant presque quatre siècles, était enfermée, d'une part, dans un carcan formé de redoutes et de bastions et, d'autre part, dans des règlements militaires très restrictifs.

La forteresse de Luxembourg au XIXe siècle. Maquette du Musée des Invalides à Paris.
Photo: B.Wolff

Plans superposés de la ville et de l'ancienne forteresse de Luxembourg. Le tracé en rouge donne la situation de la forteresse en 1867, avant sa démolition.

Musée national d'histoire et d'art, Luxembourg

Tableau synoptique

Vers 963	Sigefroid acquiert le rocher du Bock et y érige un château fort.
Vers 1200	Construction de la 2e enceinte.
1244	La charte d'affranchissement de la ville est accordée par Ermesinde.
1354	Le comté de Luxembourg est élevé au rang de duché.
15e siècle	Construction d'une partie de la 3e enceinte avec intégration du Grund dans le système défensif de la ville.
Nov. 1443	La ville de Luxembourg est prise par les Bourguignons.
1506	Le duché de Luxembourg devient habsbourgeois, puis espagnol.
1659	Premier démembrement du territoire luxembourgeois. Par le traité des Pyrénées, le Luxembourg doit céder à la France le sud du duché avec les villes de Thionville, Damvillers, Marville, Montmédy et Ivoix Carignan.
28/4 - 4/6/1684	Siège et prise de la ville par les troupes françaises.
1684-1697	Souveraineté française.
1698-1715	Espagnols et Français exercent successivement le pouvoir au duché.
1715-1795	Souveraineté autrichienne.
1795-1814	Souveraineté française.
1815	Le deuxième démembrement. Par le traité de Vienne, la Prusse obtient les territoires luxembourgeois situés à l'est d'une ligne fluviale constituée par la Moselle, la Sûre et l'Our: il s'agit des régions de Neuerbourg, Bitbourg et Dudeldorf, de St. Vith et de Schleiden. Le duché est élevé au rang de grand-duché et devient membre de la Confédération germanique. La ville devient donc forteresse fédérale occupée par une garnison prussienne.
1839	Troisième et dernier démembrement. Le territoire luxembourgeois est partagé en deux. La partie occidentale, le Luxembourg belge, forme désormais une province du Royaume de Belgique. Le Grand-Duché de Luxembourg devient un État indépendant dont la capitale est la ville de Luxembourg.
1867	Le traité de Londres stipule, en ce qui concerne le Grand-Duché, la neutralité perpétuelle et désarmée, c'est-à-dire le départ de la garnison et le démantèlement de la forteresse.
1952	Le Grand-Duché devient siège provisoire de la C.E.C.A.

Description et inventaire du site

La description et l'inventaire du site constituent la partie centrale du dossier de candidature. Il s'agissait d'abord de délimiter avec précision le périmètre d'un secteur qui correspond aux limites exactes du bien proposé pour l'inscription. Pour cette zone, appelée zone de protection, il était nécessaire de faire une description des principaux monuments et d'en indiquer clairement l'emplacement. A cela s'ajoutait la délimitation d'un deuxième secteur.

En effet, lorsque la conservation adéquate d'un bien proposé pour l'inscription le demande, une zone appropriée appelée «zone tampon» doit être prévue autour du bien et doit faire l'objet de toutes protections nécessaires. Une zone tampon peut être définie comme une zone autour du bien qui connaît des restrictions concernant son usage afin de donner une couche supplémentaire de protection.

SECTEUR I: LA ZONE DE PROTECTION

La zone de protection inscrite sur la liste du patrimoine mondial de l'Unesco comporte trois ensembles dans la ville de Luxembourg. Il s'agit des quartiers anciens de la ville, du quartier gouvernemental et de la cathédrale Notre-Dame ainsi que de la ville basse du Grund et du plateau du Rham.

Pour définir la zone de protection, il est préférable, car plus aisé, d'organiser la description autour de ces trois ensembles bien définis.

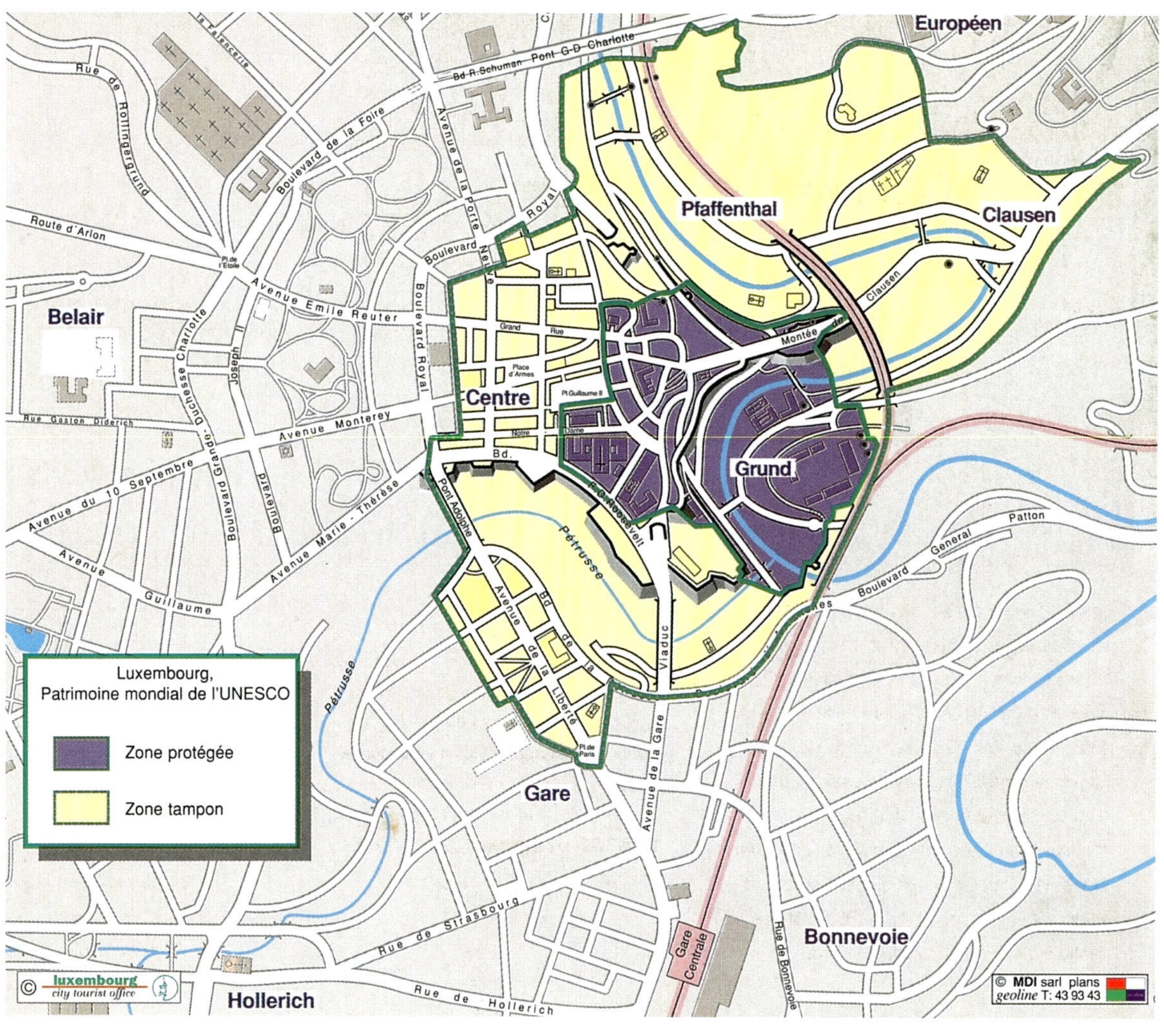

Vue aérienne sur le rocher du Bock et sur la vieille ville ▶

Vue sur la vallée
de l'Alzette

Dans le faubourg du Grund, l'Alzette coule paisiblement au pied du rocher du Bock vers les faubourgs de Clausen et Pfaffenthal

1 Les quartiers anciens de la ville

Périmètre

Le premier ensemble de la zone de protection comprend les quartiers anciens délimités par le rocher du Bock, la rue du Fossé, la place Clairefontaine, la rue du St-Esprit, le chemin de la Corniche, le boulevard Victor Thorn, la rue du Nord et une partie de la côte d'Eich. Cette partie constitue le berceau de la ville de Luxembourg. En effet, c'est à partir du promontoire rocheux du Bock, où s'établit la première famille comtale vers 963, que le bourg castral Lucilinburhuc se développa en s'étendant vers l'ouest. Vers la fin du XIIe siècle, la construction d'une enceinte urbaine fut entreprise.

Cette enceinte engloba les quartiers cités ci-devant qui constituaient le territoire de la ville vers cette époque. Donc, le périmètre ici en question comprend à la fois le site castral des fondateurs de la maison de Luxembourg et les territoires des premiers noyaux d'habitat de la ville.

Description du secteur concerné

Dans le secteur des quartiers anciens est située une série de biens architecturaux de première importance en ce qui concerne l'histoire, le développement et l'identité de la ville:

Le promontoire rocheux du Bock

Le rocher du Bock constitue un site éminent de l'histoire de la ville. C'est à la fois son berceau historique et un exemple remarquable de son passé militaire.

D'une part, le rocher du Bock est le haut lieu de la cité historique de Luxembourg. Comme site d'établissement du premier comte de Luxembourg et lieu de résidence de plusieurs de ses successeurs, le Bock peut être considéré comme berceau historique et politique de la ville. Avec le nom de Sigefroid et la date de 963, le rocher du Bock fait figure de mythe fondateur de la ville.

D'autre part, le promontoire du Bock constitue un exemple remarquable du passé militaire de la ville-forteresse de Luxembourg à l'époque moderne et contemporaine. Ne répondant plus aux exigences de l'artillerie, le château comtal, détruit au XVIe siècle, fut laissé à l'abandon. Ce n'est qu'au cours du XVIIe siècle que le site du Bock fut entièrement transformé selon les critères des nouvelles techniques de fortification.

La crypte archéologique
et les casemates du Bock

En haut, l'extérieur du Bock.

A droite le pont du château reliant le rocher du Bock à la ville haute.

En bas les casemates du Bock creusées par les Autrichiens au XVIIIe siecle.

SCHLOSS
BRUECKE

A côté des constructions en hauteur, le Bock comprenait également un vaste système de casemates creusé dans la roche au XVIIIe siècle. Avec une superficie de 1 100 m², les casemates du Bock constituaient le plus important ensemble cohérent de fortifications souterraines de la ville-forteresse de Luxembourg. Avec 25 canonnières, dont 12 tournées vers le nord et 13 dirigées vers le sud, les casemates du Bock pouvaient assurer un feu croisé intense.

L'église Saint-Michel

Les origines de l'église St-Michel se situent à la fin du Xe siècle, lorsqu'elle fonctionnait en tant que chapelle du château du comte Sigefroid. Plusieurs fois détruite et reconstruite, elle occupe en effet une place de choix dans la cité et dans la conscience de tout citoyen luxembourgeois sensible au passé du pays et de sa capitale.

Tant par son architecture typique que par son implantation sur un des promontoires les plus en vue, cette église constitue un point fort de la silhouette de la vieille ville. C'est un symbole auquel s'accrochent les souvenirs de ceux qui habitent loin du pays.

Le Marché-aux-Poissons et les vieux quartiers qui l'entourent

Ce que nous désignons aujourd'hui par Marché-aux-Poissons était, au Moyen Age, simplement le «marché». Il formait la première place publique du bourg devenu plus tard la ville de Luxembourg. Au fur et à mesure que celle-ci se développait et que d'autres marchés se créaient, il devint nécessaire de préciser de quel marché il s'agissait. En 1692 apparaît pour la première fois le nom de «Marché-aux-Poissons».

Dans les rues qui bordent le Marché-aux-Poissons se trouve un ensemble de maisons et de bâtiments marqué encore par l'urbanisme médiéval et les siècles de l'Ancien Régime.

Les gens qui vivaient dans ces rues étaient en majorité des artisans ou de petits commerçants. Ils travaillaient dans les arrière-bâtiments d'anciennes maisons patriciennes ou dans des cours intérieures.

De part et d'autre de la rue St-Michel se trouvent la clinique St-Joseph et la clinique St-François d'Assise qui fonctionnent depuis presque un siècle.

Vue sur l'église St-Michel à partir du faubourg du Grund ▶

L'église St-Michel, un point fort de la silhouette de la vieille ville

L'aspect actuel de l'église St-Michel date de la fin du XVIIe siècle

Vieilles maisons délimitant
le Marché-aux-Poissons
vers la rue Wiltheim

Le Musée national d'histoire et d'art,
au Marché-aux-Poissons

Saint Christophe sur un bas-relief du XVIIe siècle, rue de la Boucherie

Statue devant coquille dans une niche angulaire

Tourelle en encorbellement, rue de la Loge

La clinique St-François, construit à la fin du XIXe siècle

TAVERNE
WELLE
MANN
Taverne
Wëlle Mann

«Ënnert de Steiler»,
coin Marché-aux-Poissons
et Rue Large

Bas-relief aux écussons :
le Lion luxembourgeois et
la Croix de Bourgogne,
rue Wiltheim

Porte baroque
rue Wiltheim

La rue Wiltheim, avec la taverne
«Wëlle Mann» (le Sauvage),
appellation datant du XVe siècle.
Le pont de liaison entre les
deux bâtiments du musée a été
ajouté dans les années 1970.
◀

La rue Wiltheim et la descente du Pfaffenthal

Pour rejoindre le faubourg du Pfaffenthal, on emprunte la rue Wiltheim qui part du Marché-aux-Poissons. Cette rue très ancienne suit le tracé de la voie romaine en direction de Trèves. Elle comporte encore deux portes d'entrée de la ville médiévale. La première porte, appelée plus tard «Alpuert», est une tour massive qui ouvre la descente en direction de Pfaffenthal.

Une deuxième porte appelée les Trois Tours suit la première à une soixantaine de mètres. Elle se compose de deux tours rondes terminées en chaperons flanquant un logis central de forme carrée. Celui-ci faisait partie de la deuxième enceinte (fin XIIe siècle).

La porte de la rue Large

Pour se rendre du Marché-aux-Poissons au faubourg du Grund, on prend la rue Large située à droite de la clinique St-François. A travers une arcade aux proportions imposantes, on s'engage dans la descente vers le Grund. Cette porte supérieure de la rue Large, dite «Helleport», a probablement fait partie de la première enceinte, celle du Xe siècle.

La rue Large, ruelle d'allure faubourienne, aboutit à une grande porte voûtée supportant la promenade de la Corniche. Cette porte défensive a été construite par les Espagnols en 1632 et devait fermer la ville haute du côté du faubourg du Grund.

Le chemin de la Corniche, du Bock au plateau du Saint-Esprit

Du pont du château, qui relie le rocher du Bock à la ville haute, part le chemin de la Corniche en direction du plateau du St-Esprit. Ce tracé, établi en 1875 sur un ancien chemin de ronde de la forteresse, offre une vue superbe sur le faubourg du Grund étalé dans la vallée profonde de l'Alzette, au pied de la ville haute. Les maisons qui longent le chemin de la Corniche datent des XVIe, XVIIe et XVIIIe siècles.

En passant par-dessus la deuxième porte du Grund, le chemin de la Corniche mène au plateau du St-Esprit où il longe l'imposant hôpital militaire, aujourd'hui maison des Archives nationales, construit par les Prussiens entre 1857 et 1860.

Un peu plus au sud, on arrive à la Citadelle du St-Esprit. Cette construction complexe, aménagée par Vauban à la fin du XVIIe siècle, constituait un des principaux ouvrages dans le dispositif défensif de la ville à cette époque.

D'une part, on trouve la caserne Vauban qui est située sur le plateau du St-Esprit lui-même et, d'autre part, on découvre les rondelles, bastions semi-circulaires dont le rôle était la défense de la partie sud de la ville.

Après le pont de liaison du musée,
la rue Wiltheim plonge vers «l'Alpuert»

Les Trois Tours, porte médiévale faisant partie de la deuxième enceinte urbaine

La rue Large, principale liaison entre le faubourg du Grund et la vieille ville

Sur le chemin de la Corniche,
la maison de Cassal (en haut) et
les Archives nationales (à gauche)

La citadelle
du St-Esprit
ominant à la
fois la vallée
de l'Alzette
la vallée de
la Pétrusse

Le Palais grand-ducal

L'actuel Palais grand-ducal a pris la succession de la première maison communale créée par la comtesse Ermesinde vers 1244 et celle de l'Hôtel de Ville construite par le gouverneur Pierre Ernest de Mansfeld et le «baumaître» Adam Roberti, entre 1572 et 1574. Partiellement détruit en 1683, lors d'une tentative de prise de la ville par les troupes de Louis XIV, l'Hôtel de Ville fut reconstruit.

La partie la plus ancienne se trouve entre les deux tourelles. La façade de style Renaissance date de 1572. Les décors en macramé des frises qui séparent les étages et les fenêtres montrent l'influence hispano-mauresque.

Dans son ensemble, cette partie du Palais est demeurée telle quelle était il y a quatre siècles, sauf la balustrade, qui était originairement en pierre et qui a été remplacée en 1741 par la balustrade en fer forgé actuelle. La partie centrale est de style baroque et date des années 1741 et 1743.

En 1859 fut ajouté un troisième bâtiment, à savoir la Chambre des Députés. De 1891 à 1894, l'ensemble des bâtiments de l'ancien hôtel de ville fut aménagé et transformé en palais grand-ducal pour devenir une des résidences des souverains du Luxembourg. Quand au bâtiment de la Chambre des Députés, il accueille toujours les scéances du pouvoir législatif luxembourgeois.

Le Palais de Justice

Ce bâtiment imposant, et qui porte dans certaines parties des vestiges de l'architecture primitive, Renaissance, fut érigé comme Hôtel du Gouvernement dans la deuxième moitié du XVIe siècle, sur ordre de Philippe II, roi d'Espagne et duc de Luxembourg. Agrandi au XVIIe siècle, sous le gouverneur comte de Berlaymont, cet édifice fut habité par les gouverneurs de la ville de Luxembourg jusqu'en 1795, date de la prise de la ville par les troupes révolutionnaires françaises. Depuis cette époque, l'Hôtel du Gouvernement est utilisé comme Palais de Justice.

**Le chemin de la Corniche,
le plus beau balcon de la ville,
surplombant la vallée de l'Alzette**

◂

La façade principale du Palais grand-ducal, rénovée en 1992 et 1993

La Chambre des Députés
accolée au Palais grand-ducal

La façade principale
du Palais de Justice, conçue
par Charles Arendt en 1886

TAVERNE MOUSEL
RESTAURANT «AU FLORENTIN»
Restaurant

La pietà du «Conrôts Eck» dans une niche angulaire avec le millésime de 1570. Coin rue du Palais de Justice et rue du Marché-aux-Herbes.

Maisons anciennes
face au Palais grand-ducal
◀

2 Le quartier gouvernemental et la cathédrale Notre-Dame

Périmètre

Le deuxième ensemble de la zone de protection comprend les constructions et bâtiments délimités par la place Guillaume II, une partie de la rue Notre-Dame, la rue de l'Ancien Athénée, une partie du boulevard Roosevelt et le plateau du St-Esprit.

Description du secteur concerné

Les bâtiments situés dans le quartier gouvernemental sont à classer parmi les plus belles constructions que compte la ville de Luxembourg.

La cathédrale Notre-Dame de Luxembourg

L'actuelle cathédrale Notre-Dame est l'ancienne église du Collège des Jésuites, dont la première pierre fut posée le 17 mai 1613. Le 17 octobre 1621, l'évêque suffragant de Trèves procéda à la consécration solennelle de la nouvelle église.

Celle-ci est un magnifique témoignage du développement tardif du style gothique dans les anciens Pays-Bas. Si le portail et le jubé sont de style Renaissance, les trois nefs de même hauteur constituent un exemple remarquable d'église-halle, de style gothique tardif. Ce n'est qu'en 1870 que l'église Notre-Dame fut élevée au rang de cathédrale, tout en restant église paroissiale.

Le 12 mai 1935, l'évêque de Luxembourg posa la première pierre pour l'agrandissement de la cathédrale, et c'est en 1937 que les tours pointues, qui constituent un des éléments essentiels du profil de la capitale du Grand-Duché, furent terminées.

Le portail, considéré comme le chef-d'œuvre du maître sculpteur Daniel Muller de Freiberg en Saxe, a été sculpté de 1613 à 1618. Il est orné de statues, entre autres celles des fondateurs de la Compagnie de Jésus, saint Ignace et saint François Xavier. L'œuvre, d'une grande richesse sculpturale, est couronnée par une belle statue de la Vierge mère et reine qui est un parfait exemple de la transition Renaissance/Baroque. Les portes sculptées par A. Newbecker ont été posées en 1621.

Vue aérienne sur le quartier gouvernemental et sur la Cathédrale Notre-Dame

L'ancien portail de la cathédrale
Notre-Dame sculpté de 1613 à 1618
◀

Le nouveau portail occidental
de la cathédrale après l'agrandissement
des années 1935-1937

Panneaux des portes en bronze représentant la vie de la Vierge, sculptées par Auguste Trémont en 1935

Clôture devant l'ancien portail

La Présidence du Gouvernement

A côté de la cathédrale se dresse le siège de la Présidence du Gouvernement, appelé aujourd'hui «Maison de Bourgogne». Cet édifice appartenait jusqu'en 1676 à la vieille famille de Berbourg, qui tenait la charge d'échanson de Luxembourg. A cet endroit vécut de 1475 à 1477, comme gouverneur suppléant de Charles le Téméraire de Bourgogne, et de 1480 à 1487, comme gouverneur de Maximilien de Habsbourg, Claude du Fays de Neuchâtel. Ce dernier avait épousé, en 1466, l'héritière de Berbourg, d'où le nom «Maison de Berbourg» sous lequel cette maison était connue jadis.

La tour à escaliers, construite en briques et dont la porte d'entrée est ornée de colonnes et d'un arc en accolade, nous rappelle le passage du gothique à la Renaissance.

Le Ministère des Affaires étrangères

Le bâtiment du Ministère des Affaires étrangères dans la rue Notre-Dame porte un cartouche avec l'inscription: Refugium Abbattae Sti Maximini. Ce fut, en effet, le refuge de l'abbaye St-Maximin de Trèves qui comme les abbayes d'Echternach, de Marienthal, de Clairefontaine, d'Orval, du St-Esprit, de Münster, etc., eut, dès le XVe siècle, un asile dans l'enceinte de la ville de Luxembourg. Ce refuge fut reconstruit en 1751 par l'ingénieur lieutenant Nicolas Steinmetz. En 1839, la Confédération germanique l'acheta pour y loger le gouverneur militaire de la forteresse; ce ne fut qu'en 1867, après le départ de la garnison prussienne, que le gouverneur luxembourgeois put s'y installer.

Le style du bâtiment date du temps de Louis XV, avec son noble aspect et sa simplicité imposante de l'extérieur et les divers salons-boudoirs à l'intérieur.

La Maison de Bourgogne,
siège de la Présidence
du Gouvernement

Le Ministère des Affaires étrangères, ancien refuge de l'abbaye St-Maximin de Trèves

GAER • CHARLOTTE

Statue de la Grande-Duchesse Charlotte (1896-1985) sur la place Clairefontaine. Le bronze, dû au sculpteur français Jean Cardot, fut inauguré le 29 avril 1990.

Nocturne Place Clairefontaine

L'Hôtel de Ville

Depuis la fin du XVIIIe siècle, l'administration municipale était réduite à de continuels déménagements. Pour mettre fin à cet état de choses, la construction d'un nouvel hôtel de ville, projetée dès le début du XIXe siècle, entra en voie de réalisation lorsqu'en 1829, le projet de l'architecte liégeois Justin Remont fut approuvé par la municipalité et l'autorité supérieure.

La construction du nouvel hôtel de ville, conçu dans le style de la Restauration, débuta le 15 juillet 1830.

Après de nombreuses difficultés et des retards dus en partie à la Révolution belge de 1830, le bâtiment fut achevé en 1838.

La transformation majeure qu'il eut à subir fut essentiellement la reconversion en bureaux des halls de marché établis au sous-sol. Les deux lions gardant l'entrée principale de la Mairie, œuvre du sculpteur animalier luxembourgeois Auguste Trémont, n'y furent posés qu'en 1931.

Mentionnons encore que la place Guillaume, située devant l'Hôtel de Ville, est dominée par la statue équestre de Guillaume II, roi des Pays-Bas et grand-duc de Luxembourg. Cette statue, œuvre du sculpteur français Mercie, est placée face au Palais grand-ducal relié à la place Guillaume par la rue de la Reine.

L'église protestante

Ancienne église des religieuses de la Congrégation de Notre-Dame, construite entre 1737 et 1742, elle fut consacrée en 1745 et dédiée à la sainte Trinité. En 1795, avec la mainmise de la République française sur le pays, l'église fut confisquée. Elle servit d'abord de magasin à foin, puis on y aménagea une salle de spectacle.

A l'époque de la garnison prussienne, la Trinité servait de temple protestant. Depuis le départ de la garnison fédérale, en 1867, elle est définitivement abandonnée à la communauté protestante.

L'hôtel de ville avec les lions en bronze qui sont l'oeuvre d'Auguste Trémont

La place Guillaume avec la statue équestre de Guillaume II (1884) et le monument du poète luxembourgeois Michel Rodange (1932)

L'église protestante cachée dans le quartier gouvernemental

Vue aérienne sur le faubourg du Grund
et sur le plateau du Rham

3 La ville basse du Grund et le plateau du Rham

Périmètre

Le troisième ensemble de la zone de protection comprend la ville basse du Grund et le plateau du Rham dans son ensemble. Cette zone est délimitée au nord par le rocher du Bock, à l'est par le mur dit de Wenceslas (partie intégrante de la troisième enceinte urbaine) et au sud par le plateau du St-Esprit. A l'ouest, c'est la ville haute, avec le chemin de la Corniche, qui fixe les limites du secteur concerné.

Des fouilles archéologiques, entreprises depuis 1990 et qui sont toujours en cours, ont montré que les zones du Grund et du Rham étaient déjà peuplées nettement avant 963, date à laquelle le comte Sigefroid devint propriétaire du promontoire rocheux du Bock. Des céramiques ainsi que des pièces de monnaie attestent une présence humaine dès le IVe siècle de notre ère. D'après des textes et des sources archéologiques, c'est à partir des VIIIe et IXe siècles que se développa une véritable vie économique dans la vallée de l'Alzette.

Ainsi, d'après nos connaissances actuelles, c'est au Grund et au Rham, plus qu'en tout autre lieu de la ville, que nous nous trouvons en plein terrain historique et que sont enfouies les racines de l'histoire de l'habitat de la ville de Luxembourg.

Description du secteur concerné

Le secteur de la ville basse du Grund et du plateau du Rham constitue non seulement un endroit de premier choix quant à l'histoire de l'habitat de la ville, mais présente un nombre considérable de biens historiques enrichissant son patrimoine et son identité architecturale.

Vue sur le mur de Wenceslas

Le mur de Wenceslas

La finalité du mur de Wenceslas, qui fait partie de la troisième enceinte, fut l'intégration du Grund et du plateau du Rham dans le système défensif de la ville. Ce projet d'intégration a été conçu à la fin du XIVe siècle et exécuté principalement au XVe siècle. Ce mur appelé «Wenzelsmauer» d'après Wenceslas II, empereur allemand et duc de Luxembourg, devait d'une part barrer la vallée de l'Alzette au nord et à l'est et, d'autre part, fermer la vallée de la Pétrusse au sud et à l'ouest. La longueur totale de ce nouveau mur de défense est de quelque 875 mètres. Il comportait 9 ou 10 tours dont plusieurs ont été conservées.

Aux XVIe et XVIIe siècles, avec l'amélioration de l'artillerie, le mur de Wenceslas devait subir plusieurs modifications, à savoir un renforcement en hauteur et en épaisseur du mur et de certaines tours. En 1604, une autre modification s'opéra. L'enceinte fut en partie reconstruite et bastionnée du côté de l'Alzette, ce qui permit l'installation de bouches à feu supplémentaires.

La Dinselpforte ou Tour Jacob

Cette tour-porte a été construite au bas Moyen Age et faisait partie du mur de Wenceslas. Avec son arc brisé, elle traduit bien le style architectural médiéval. Quant au dispositif de fermeture de la Dinselpforte, il était multiple. On remarque une première porte extérieure montée sur charnière et épousant l'architecture. Une grille ou une herse en métal descendait derrière l'arc en ogive, et une seconde porte, maintenue par ses deux charnières, dédoublait la grille. Une troisième porte à double battant était située du côté de la ville.

Le rocher du Bock
avec le mur de Wenceslas

Le mur de Wenceslas. En haut, faisant la jonction avec la Tour Jacob, en bas accolé contre le rocher du Bock.

La Tour Jacob sur le plateau du Rham

Le site de l'abbaye Neumünster

Le site de l'abbaye Neumünster comprend l'église St-Jean et les bâtiments de l'ancienne abbaye Neumünster reconstruite vers la fin du XVIIe siècle et agrandie au début du XVIIIe siècle. Au XIXe siècle, l'abbaye fut utilisée comme hôpital militaire par la garnison prussienne. Après le départ de celle-ci, elle devint prison d'État. Entre 1867 et 1869, les bâtiments furent transformés et aménagés pour accueillir les nouveaux pensionnaires. La section criminelle fut logée dans le nouvel hôpital militaire construit entre 1863 et 1866 dans l'enceinte même de l'abbaye, tandis que la section correctionnelle occupa les lieux de l'ancienne abbaye.

La prison du Grund fonctionna ainsi jusqu'en 1984, date à laquelle on transféra les prisonniers vers Schrassig dans une prison moderne et spacieuse.

Aujourd'hui, l'abbaye Neumünster fait l'objet d'un projet de mise en valeur et d'une restauration globale.

Depuis 1990, des fouilles archéologiques sont entreprises dans le cloître et la cour intérieure de l'abbaye ainsi que dans la cour intérieure de l'ancienne prison.

Ces recherches entrent dans le contexte de l'étude archéo-historique et de la revalorisation du patrimoine fortifié et urbain de la ville.

Quant à l'église St-Jean, elle reste toujours au service de la communauté locale et accueille les fidèles de la paroisse européenne. Elle abrite un magnifique mobilier baroque provenant du couvent des Cordeliers autrefois implantés à la place Guillaume.

Dans une chapelle latérale se trouve une admirable Vierge noire gothique du XIVe siècle.

Vue sur le Grund
avec l'église St-Jean

L'ancienne abbaye Neumünster
et l'église St-Jean

Portail et intérieur baroques de l'église **St-Jean.**
En bas, la Vierge noire gothique.

Le plateau du Rham

Pas moins de cinq casernes militaires ont été construites sur ce plateau qui domine la vallée de l'Alzette et le faubourg du Grund. Derrière les vestiges de la 3e enceinte urbaine du Moyen Age, on y découvre les édifices militaires imposants dont les formes brutes et rationnelles sont adoucies par l'ombre jetée par les arbres centenaires plantés après le départ de la garnison.

Après le siège de 1684, les Français ont reconstruit la ville et la forteresse. C'est sous les ordres de l'ingénieur militaire Vauban que furent érigées les quatre premières casernes du Rham pouvant loger environ 1760 hommes.

Ce chiffre pouvait être atteint à condition de compter de deux à trois hommes par lit, c'est-à-dire un homme au lit, un homme en service et un homme hors service. Il y avait donc 700 à 880 lits disponibles au Rham à la fin du XVIIe siècle.

Deux siècles plus tard, les Prussiens construisirent la cinquième caserne directement derrière le mur du Rham.

Cette nouvelle caserne massive, d'une longueur de 75 m, était bâtie de manière à pouvoir résister aux chocs des bombes d'artillerie, car il s'agissait d'une caserne de guerre.

Après le temps des militaires au Rham, un orphelinat y fut aménagé. En 1893, ce dernier fut transformé en maison de retraite pour personnes démunies et âgées. Aujourd'hui encore les casernes du Rham, peu modifiées, sont utilisées en tant que maison de retraite.

D'un point de vue architectural, le plateau du Rham constitue un ensemble exemplaire qui témoigne du passé militaire de la ville. Ici, plus qu'ailleurs, les constructions montrent l'influence de la garnison dans l'urbanisation de la ville et dans la vie de ses habitants.

Le plateau du Rham, délimité par la vallée de l'Alzette, offre un espace superbe de calme et de verdure. A travers des chemins ombragés, le citadin peut se promener tout en savourant les vues magnifiques du faubourg du Grund et de la ville haute.

La maison du fontainier constitue un édifice original du Rham. Cette maison, perchée sur les falaises du plateau, a été construite en 1843, en même temps que le château d'eau. Aujourd'hui, l'ancienne maison du fontainier, surnommée «Arche de Noé» par les gens du quartier, est occupée par des particuliers.

Vue à partir de la ville haute
sur le faubourg du Grund
et le plateau du Rham

Les casernes du Rham

Le Bisserwee et ses alentours

Situé dans la vallée de l'Alzette, le Bisserwee est entouré d'un ensemble architectural impressionnant témoignant à la fois du passé médiéval et du passé militaire de la ville.

Le rempart médiéval avec son chemin de ronde ferme la vallée vers l'est. Muni d'une porte carrée et de plusieurs tours semi-circulaires, le mur coupe le Bisserwee et franchit l'Alzette pour s'accoler contre l'autre versant de la vallée.

Vers le sud, la vallée est fermée par le rocher massif du Verlorenkost muni d'une tourelle espagnole.

Puis à l'ouest ce sont la citadelle du St-Esprit avec ses bastions semi-circulaires et l'hôpital militaire prussien qui trônent au-dessus de la vallée, dominant majestueusement la ville basse du Grund.

Bisserwee: casemate avec trois bouches à feu creusée dans le rocher du Rham

Rempart médiéval avec tour à gorge ouverte situé près du Bisserwee

Echauguette
sur le rocher du Verlorenkost

La maison du fontainier qui surplombe
le Bisserwee a été construite en 1843

La citadelle
du St-Esprit
qui trône
au-dessus
du confluent
de l'Alzette et
de la Pétrusse

SECTEUR II: LA ZONE TAMPON

1 La ville haute et le plateau Bourbon

La zone tampon constitue en quelque sorte l'enveloppe de la zone de protection. Pour faciliter la lecture de cette description, il est utile de diviser l'ensemble de la zone tampon en deux sous-ensembles, à savoir:

les villes basses du Pfaffenthal et de Clausen avec le plateau du Kirchberg ainsi que la ville haute et quelques quartiers du plateau Bourbon.

Périmètre

Au nord et à l'ouest, la zone tampon comprend une partie de la ville haute. Celle-ci est délimitée par la place de Bruxelles, une partie de la rue Notre-Dame, la rue Aldringen, la rue des Bains, une partie de l'avenue Pescatore et de la côte d'Eich.

Au sud et à l'ouest, la zone concernée comprend certains quartiers du plateau Bourbon (secteur de la Gare) qui sont délimités par une partie du boulevard d'Avranches et du boulevard de la Pétrusse, la rue du Fort-Elisabeth, la place de Paris, la rue Zithe et enfin le pont Adolphe qui aboutit à nouveau sur la place de Bruxelles.

Description du secteur concerné

Les parties de la ville haute et du plateau Bourbon, intégrées dans la zone tampon, sont parsemées d'ouvrages et de bâtiments remarquables d'un point de vue architectural et historique.

Il s'agit de biens architecturaux qui font partie intégrante du patrimoine urbain de la ville.

Vue aérienne sur le plateau Bourbon ▶

Le Palais municipal (Cercle)

Au début du XXe siècle, le conseil communal de la ville décida de faire construire un nouveau bâtiment administratif avec plusieurs salles des fêtes aux abords de la place d'Armes, à l'emplacement de l'ancienne «Garde principale». Les travaux furent terminés en octobre 1906 et les aménagements intérieurs en 1909.

La façade principale du Palais municipal, communément appelé «Cercle», porte un relief de l'artiste luxembourgeois Pierre Federspiel, montrant la comtesse Ermesinde remettant en l'an 1244 les lettres de franchise aux bourgeois de la ville de Luxembourg.

De 1953 à 1969, les salles de cet édifice furent mises à la disposition de la Communauté Européenne du Charbon et de l'Acier pour lui servir de salles de réunion et de travail. Depuis 1969, le Palais municipal a retrouvé se destination première car il sert de lieu de rencontre pour diverses fêtes et cérémonies ou pour les soirées culturelles et artistiques.

La place de la Constitution

Sur le boulevard Roosevelt, la place de la Constitution domine magistralement la profonde vallée de la Pétrusse. Aménagée sur le bastion Beck, cette place offre une vue magnifique sur la vallée avec ses arbres centenaires, sur le pont Adolphe et sur l'imposant siège principal de la Banque et Caisse d'Épargne de l'État.

Sur la place elle-même se trouve le Monument du Souvenir de Luxembourg, qui fut érigé en 1923, à la mémoire des Luxembourgeois tombés dans les armées alliées de la Première Guerre mondiale, principalement dans les rangs français.

Le Monument du Souvenir est l'oeuvre de l'artiste luxembourgeois Claus Cito, lauréat d'un concours international lancé à l'époque. Les adresses que le maréchal Foch et le général Gillain avaient fait parvenir au gouvernement luxembourgeois furent sculptées de part et d'autre du socle et les noms des bataillons auxquels avaient appartenu des Luxembourgeois furent gravés sur le côté sud.

La statue féminine au sommet de la pyramide élancée étant dorée, le monument prit rapidement le nom populaire de «Gëlle Fra» (femme d'or), dénomination qui s'étend même à toute la place de la Constitution.

Vue sur le Palais municipal (Cercle)
à partir de la place d'Armes.
En bas, relief de Pierre Federspiel.

Vue aérienne sur la ville. Au premier plan à gauche, la place de la Constitution, ancien bastion Beck.

Socle du Monument du Souvenir

Au sommet de la pyramide, la statue dorée appelée «Gëlle Fra»

La vallée de la Pétrusse

Le site de la ville de Luxembourg est caractérisé par une roche: le grès de Luxembourg. L'érosion différentielle qui a agi sur cette roche d'origine sédimentaire, formée de matériel détritique datant du lias moyen, a fait naître des formes de relief particulier parfois très spectaculaires, comme en témoigne l'existence des méandres encaissés des vallées de l'Alzette et de la Pétrusse.

Cette dernière est une vallée profonde, au profil encaissé avec des parois rocheuses abruptes et très escarpées, bordée de plateaux. Les travaux de fortification entrepris aux siècles derniers sur les hauteurs des plateaux ont accentué encore le caractère abrupt et vertigineux du relief de cette vallée située en plein paysage urbain. Aujourd'hui, la vallée de la Pétrusse constitue, avec le parc de la ville et la vallée de l'Alzette, le poumon vert de la capitale du Grand-Duché.

Le pont Adolphe

Le pont Adolphe, qui relie, en enjambant la vallée de la Pétrusse, la ville haute au plateau Bourbon et aux quartiers de la Gare, a été construit de 1889 à 1903 par François Séjourne. L'ouvrage d'art, audacieux pour l'époque, comporte une grande arche en pierre de taille d'une portée de 85 m, sa hauteur est de 46 m pour une longueur totale d'environ 211 m. Ainsi le pont Adolphe était, pour ce type de construction, un des plus grands ponts d'Europe au début du XXe siècle.

La BCEE

Sur la place de Metz, directement derrière le pont Adolphe, se trouvent les deux bâtiments du siège principal de la Banque et Caisse d'Épargne de l'État. Des deux côtés de l'avenue de la Liberté, les deux grands bâtiments constituent, tant par leur architecture typique que par leur implantation sur l'avant du plateau Bourbon, un point fort de la silhouette de la ville.

L'idée était de voir s'élever en ce point de la ville non pas des constructions d'un type ordinaire mais des édifices qui, par leurs proportions pures et leur ensemble monumental, relèveraient l'allure du rond-point de la Grande Avenue.

La vallée de la Pétrusse dominée
par plusieurs vestiges datant
de l'époque de la forteresse

Au coeur de la ville,
la vallée romantique
de la Pétrusse

Le pont Adolphe
et la BCEE

La tour en flèche et la façade principale de la BCEE, deux éléments qui marquent fortement la silhouette du plateau Bourbon

Détails des bâtiments de la BCEE.
Le bâtiment à droite du pont Adolphe abritait les bureaux de la CECA dans les années 50.

L'Arbed

Le terrain acquis par l'Arbed pour son siège administratif le 24 mars 1920 comprend une superficie de 5.937 m^2. La seule directive concernant cette nouvelle construction fut: il n'y aura qu'une seule construction, elle aura un caractère monumental en rapport avec l'emplacement.

Les plans du bâtiment ont été dressés par l'architecte français René Théry. Le Luxembourgeois Sosthène Weis, architecte en chef de l'Arbed, devint le responsable du chantier, après le décès de René Théry.

Le décor de la façade a été développé par le sculpteur René Rozet. La construction est faite en béton armé tandis que les façades sont en pierre de taille. Les sculptures des pignons représentent le triomphe de l'Industrie et du Commerce.

Façade et entrée principale
du siège administratif de l'Arbed

Détails de la façade
principale de l'Arbed

A·R·B·E·D

2 Les faubourgs Pfaffenthal et Clausen

Périmètre

A l'est et au nord-est, la zone tampon comprend certaines parties des villes basses de Pfaffenthal et de Clausen. Cette zone est délimitée par les deux tours Vauban au Pfaffenthal; les forts Ober- et Niedergrünewald et le fort Thüngen sur le plateau du Kirchberg; la rue Malakoff, une partie de la rue de Clausen et la rue de la Tour Jacob à Clausen. De là, le tracé de la zone tampon longe le plateau du Rham pour enfin descendre dans la vallée de l'Alzette.

Description du secteur concerné

A côté de l'aspect faubourien, c'est-à-dire les ruelles étroites, les maisons exiguës, les bistrots populaires et les petits commerces, les localités du Pfaffenthal et de Clausen présentent encore certains aspects du passé militaire de la ville, en l'occurrence les vestiges du front du Grünewald, front qui devait défendre le nord et le nord-est de la ville.

Le mur et les tours Vauban

Les deux tours au Pfaffenthal ont été construites pendant les années 1684-1685 par l'ingénieur français Vauban. La tour sur la rive gauche de l'Alzette s'appelle Porte d'Eich, tandis que l'autre est nommée Porte des Bons-Malades. Ces deux portes faisaient partie d'un ensemble de constructions plus vastes destiné à fermer et à défendre le faubourg du Pfaffenthal.

Les deux tours, dont l'une a été entièrement restaurée en 1991, sont reliées par un mur fortifié. Ce mur ainsi que la deuxième tour ont été restaurés et aménagés dans le cadre de la réalisation de l'itinéraire Vauban, dont l'ouverture est prévue pour l'année 1998.

Le mur et les tours Vauban représentent, d'une part, l'élément architecturo-militaire le plus marquant du faubourg du Pfaffenthal et, d'autre part, constituent l'ancien accès de la ville par la vallée de l'Alzette et par la montée du Pfaffenthal.

Vue aérienne sur le Pfaffenthal.
Au fond, à gauche, la Porte d'Eich,
à droite, la Porte des Bons-Malades.

La Porte d'Eich au milieu des habitations
du faubourg du Pfaffenthal

La Porte du Chemin de Fer (1859)
en contrebas du Fort Niedergrünewald
construit par Vauban en 1684/85

La Porte d'Eich, construction jumelle, située sur la rive gauche de l'Alzette. Les deux portes sont reliées par un rempart muni d'un chemin de ronde.

La Porte des Bons-Malades, sur la rive droite de l'Alzette ◀

Le Fort Thüngen

Le Fort Thüngen constitue la pierre angulaire d'un système défensif plus large dont faisaient partie les forts Niedergrünewald et Obergrünewald ainsi que le Fort d'Olizy et le Fort du Parc. Les éléments qui nous intéressent ici et qui sont situés dans la zone tampon sont le Fort Thüngen et les deux forts Nieder- et Obergrünewald.

Ces deux derniers ont presque totalement disparu lors du démantèlement des années 1870-1876, de sorte qu'aujourd'hui n'en subsistent que les fondements et les constructions souterraines.

Quant au Fort Thüngen, une majeure partie de l'ouvrage est encore intacte. De plus, ce fort a été entièrement dégagé en 1991, de sorte que les structures complexes (casemates, mines, galeries, fossé) et l'organisation astucieuse ont été mises à jour.

La véritable construction du Fort Thüngen date de 1732, lorsque les autorités autrichiennes décidèrent de renforcer le système défensif de la forteresse. Dans les années 1836, 1859 et 1860, le fort est modernisé, agrandi et renforcé cette fois sous l'autorité des Prussiens.

Le Fort Thüngen est composé d'un grand réduit principal, d'une enveloppe très étendue, d'un petit réduit ainsi que de deux lunettes. L'accès au fort est assuré, d'une part, par un chemin protégé venant du fort Obergrünewald et, d'autre part, sur le même tracé, par une galerie souterraine de 169 m de longueur aboutissant dans la tour médiane de l'arrière de la construction.

Le réduit principal renferme de nombreuses pièces casematées. Il peut être équipé de 20 à 23 bouches à feu ou au besoin accueillir une forte garnison en tant que caserne de guerre. Le réduit est, pour ce type de construction, le plus important de toute la forteresse. Pour une profondeur de 96 m, la superficie comprend 953,35 m^2.

Aujourd'hui le Fort Thüngen est le seul fort détaché – la forteresse en comptait 8 en 1867 – qui subsiste encore sur le territoire de l'ancienne forteresse de Luxembourg. Si une partie des constructions en hauteur est tombée sous les marteaux des démolisseurs, la quasi-intégralité des constructions souterraines est, quant à elle, restée intacte. C'est cette réalité qui fait le caractère unique et l'exemplarité du Fort Thüngen dans le contexte de «Luxembourg, ville-forteresse».

Vue aérienne sur l'ensemble du Fort Thüngen constitué par un réduit, une enveloppe, un fossé et deux lunettes

Le réduit du Fort Thüngen
en forme de flèche avec son
entrée gardée par deux tours

La gorge du réduit avec ses tours rondes construites en 1836

Les trois tours de la gorge du réduit appelées communément les Trois Glands

La pointe du réduit du fort

Les pièces casematées du réduit

Les pièces casematées des deux lunettes du fort destinées à protéger le chemin couvert et le fossé

L'église Sainte-Cunégonde

Entre 1815 et 1850, le nombre d'habitants du faubourg de Clausen avait presque doublé. Cette augmentation de la population et le fait d'être encore rattaché à la paroisse St-Michel faisaient qu'en 1852, une association locale se créa pour demander la construction d'une église à Clausen. La permission de construire fut enfin donnée en 1860. Les plans de l'église furent dressés par l'architecte de l'État, Charles Arendt. Les travaux furent commencés en 1861 et achevés en 1865.

La Tour Malakoff

Érigée en 1864, la Tour Malakoff est l'une des dernières constructions nouvelles, entreprise par la garnison prussienne avant son départ en 1867. Destinée à protéger et à contrôler le chemin creux qui va en direction du Weimershof, la tour Malakoff, équipée de canonnières, devait en outre flanquer le mur qui fermait le ravelin entre le fort Obergrünewald et le Fort du Parc.

La maison Robert Schuman

La maison Robert Schuman a été construite vers la fin des années 60 du siècle dernier. C'est ici à Clausen que Robert Schuman, père fondateur de la première Communauté Européenne, vit le jour le 29 juin 1886 et qu'il vivait jusqu'à l'âge de 17 ans. Située dans la vallée, au point de rencontre de deux falaises, et coiffée par une belle forêt plantée à l'époque du démantèlement, la maison natale de Robert Schuman est devenue propriété de l'État en 1985. Aujourd'hui elle sert de centre de recherches pour des questions européennes et porte le nom de Centre d'Études et de Recherches Européennes Robert Schuman.

Le faubourg de Clausen traversé par le viaduc du chemin de fer. Au second plan l'église Ste-Cunégonde.

| La Tour Malakoff

| L'église Ste-Cunégonde à Clausen ▸

Maison natale
de Robert Schuman

La justification de l'inscription

Le principe fondamental stipulé dans la convention du patrimoine mondial est que le bien inscrit doit être de «valeur universelle, exceptionnelle». Pour qu'un bien soit déclaré de valeur universelle et exceptionnelle, il faut qu'il réponde au moins à un des six critères établis par le comité du patrimoine mondial de l'Unesco qui sont les suivants:

(I) Représenter une réalisation artistique unique, un chef-d'oeuvre de l'esprit créateur de l'homme.

(II) Avoir exercé une influence considérable pendant une période donnée ou dans une aire culturelle déterminée, sur le développement de l'architecture des arts monumentaux ou de l'organisation de l'espace.

(III) Apporter un témoignage unique ou du moins exceptionnel sur une civilisation disparue.

(IV) Offrir un exemple éminent d'un type de construction ou d'ensemble architectural illustrant une période historique significative.

(V) Constituer un exemple éminent d'un habitat humain traditionnel, représentatif d'une culture, devenu vulnérable sous l'effet de mutations irréversibles.

(VI) Être directement et matériellement associé à des événements ou des idées de croyances ayant une signification universelle exceptionnelle.

Les auteurs du dossier luxembourgeois avaient opté d'emblée pour le critère IV: être un exemple remarquable de bâtiments ou d'ensembles architecturaux illustrant une période significative de l'histoire. Pour souligner que le bien proposé satisfait pleinement au critère IV, les responsables du dossier avaient axé leur argumentation autour de trois thèmes principaux: le passé militaire, la stratigraphie et la lisibilité historique ainsi que l'interaction entre l'homme et son environnement naturel.

En voici quelques extraits:

«Les ouvrages fortifiés et les vieux quartiers de la Ville de Luxembourg constituent un ensemble historique de toute première importance. Ils offrent un exemple éminent d'une ville fortifiée européenne illustrant une longue période de l'histoire occidentale. De ce fait, le site proposé répond pleinement au critère d'inscription (IV) de la liste du patrimoine mondial.

Du XVIe siècle à la fin du XIXe siècle, le destin de la Ville de Luxembourg a été étroitement lié à celui de la forteresse. Durant plus de 300 ans, la ville a connu une évolution architecturale exceptionnelle en Europe. En effet, les différents souverains qui ont occupé la ville ont tous laissé leurs traces à travers les ouvrages de fortification. La Ville de Luxembourg abrite donc une variété surprenante de vestiges à vocation militaire (les bastions, les casernes, les portes...) et ceci pendant une période de trois siècles. On peut même avancer l'idée que la Ville de Luxembourg a su préserver un échantillonnage de bâtiments militaires de toutes catégories susceptibles de pouvoir servir de source référentielle à d'autres sites similaires.

Le site proposé constitue donc bien un ensemble cohérent, une unité dans la diversité, un phénomène pratiquement unique en Europe, dont la mise en valeur permet de comprendre un volet important de l'histoire européenne. De ce fait, une partie du patrimoine architectural de la ville illustre une période historique significative pour le pays et pour la ville, à savoir la période des souverainetés étrangères. Qu'il s'agisse des Espagnols, des Français, des Autrichiens ou des Prussiens, chacun d'entre eux a participé plus ou moins fortement à la formation de la silhouette de la ville de Luxembourg. Ainsi, la physionomie de la ville peut être considérée comme une stratigraphie historique dans laquelle l'aspect militaire a vivement influencé l'urbanisme général.

La Ville de Luxembourg témoigne d'une homogénéité acquise par la diversité de ses constructeurs qui, durant 300 ans, ont essayé de rendre imprenable une ville forteresse qui, d'un point de vue stratégique, était de toute première importance.

Si le style de ces constructions, dépourvu d'éléments décoratifs, reflète par moments une certaine austérité, c'est que sa valeur consiste précisément dans l'interaction de l'homme et de son environnement bâti et naturel.

Ainsi, au cours des siècles, les ingénieurs militaires, partant de leur conception personnelle et de leurs propres possibilités, ont créé autour d'eux l'espace. Ils ont organisé un ensemble militaire et urbanistique, qui constitue un véritable ‚monument culturel', équilibré sur le plan des masses et des volumes, harmonieux sur le plan visuel. Or, ces interventions se faisaient pour ainsi dire automatiquement, avec une aisance innée où le langage architectural s'associe au rythme particulier des plateaux et des vallées pour constituer un véritable paysage culturel.

Toutefois, il ne s'agit pas de réduire la ville à ses seules constructions militaires. Son âme et son authenticité sont aussi à chercher à l'intérieur des enceintes. La ville, avec ses nombreuses places de marché, avec ses ruelles qui sillonnent les anciens quartiers, avec ses fontaines où se trouvaient jadis les puits, avec ses églises d'époques et de styles différents, avec ses maisons bourgeoises et ses commerces, avec ses édifices relatifs à la monarchie, ne ressemble plus, de nos jours, à des places fortes comme Montmédy mais évoque plutôt, après le démantèlement, une longue histoire urbaine et culturelle façonnée par un passé chargé et fortement mouvementé.

A cela s'ajoute que la Ville de Luxembourg est un exemple éloquent pour illustrer le rôle et le poids que peut avoir le fait de se trouver entre deux puissances territoriales rivales qui, au fil des siècles, ont à maintes reprises essayé de prendre le dessus l'une sur l'autre.

La ville et sa forteresse peuvent ainsi servir de véritable ‚Leçon d'histoire' qui nous enseigne comment un petit peuple a pu survivre malgré les nombreuses dominations étrangères et malgré les convoitises de nos grands voisins tout au long de notre histoire. La naissance de notre nation est étroitement liée à cette forteresse et notre capitale est le résultat de superpositions historiques amenées par les présences des grandes nations.»

Si d'autres critères, moins pertinents, avaient pu être invoqués, c'est finalement en vertu de ce quatrième critère que la ville de Luxembourg a été inscrite, par le comité du patrimoine mondial, avec la justification suivante : *«Luxembourg a joué un rôle important dans l'histoire de l'Europe pendant plusieurs siècles. Elle a su préserver les vestiges de ses impressionnantes fortifications et ses quartiers anciens dans un environnement naturel exceptionnel.»*

L'authenticité du bien

En outre, pour qu'un bien soit inscrit sur la Liste du patrimoine mondial, il faut qu'il passe avec succès «l'épreuve de l'authenticité» pour ce qui est de sa conception, de ses matériaux, de son exécution et de sa situation. Pour un ensemble urbain tel que la ville de Luxembourg, il s'agit fondamentalement du respect pour la structure et le caractère de la ville, de son site naturel ainsi que d'une volonté de réutiliser ce patrimoine avec intelligence et selon les règles de l'art.

Voici quelques indications du dossier de candidature luxembourgeois relatives à l'authenticité du bien:

«L'authenticité du bien est basée sur plusieurs facteurs à la fois. D'une manière générale, on peut dire que les ouvrages et les bâtiments fortifiés étaient, par la nature même de leur vocation, des constructions authentiques. Certains, tout en ayant changé d'affectation, se trouvent encore aujourd'hui dans l'état où elles étaient laissées après le démantèlement de la forteresse. De ce fait, les vestiges fortifiés de la Ville de Luxembourg restent aujourd'hui des témoins authentiques.

Les matériaux, comme le grès, tirés des couches géologiques sur les lieux mêmes, faisaient naître et croître littéralement les ouvrages militaires du sol. Ainsi, par exemple, en creusant fossés et douves dans le rocher, les pierres qui en sortaient furent utilisées pour construire l'escarpe et la contrescarpe. Quant à l'exécution des travaux, elle a été assurée par les ingénieurs militaires de l'époque (cf. Vauban), ce qui garantissait une authenticité maximale.

Si tel était le cas pour un ouvrage défensif, ce même phénomène était également employé pour les constructions en surface, comme en témoignent les nombreux immeubles officiels et demeures particulières.

Dans ce sens, on peut parler d'une architecture intégrée dans les composantes géologiques et topographiques du milieu. Si donc, dans d'autres villes, les matériaux de construction ont été apportés parfois de loin, la carrière in situ joua le rôle du ‚fournisseur unique et exclusif' pour ce qui concerne Luxembourg. En d'autres termes, le fait de transférer les gisements de pierres de leur position horizontale en un volume vertical confère au site une homogénéité et authenticité d'un naturel évident.

Enfin, en ce qui concerne l'authenticité de l'environnement, elle est totale. Ce qui veut dire que les ingénieurs militaires ont respecté le site de Luxembourg qui se prêtait à merveille pour la construction d'une forteresse de tout premier ordre. Vallées, plateaux et promontoires rocheux offraient de multiples possibilités pour l'édification d'un site fortifié. Des ingénieurs militaires, comme par exemple Vauban, trouvaient ici un terrain de prédilection pour laisser libre cours à leur talent de bâtisseurs.

Les quartiers anciens, le quartier gouvernemental ainsi que la ville basse du Grund étaient pendant longtemps figés dans cet ensemble qui les entourait et qui empêchait tout agrandissement, voire tout changement. De ce fait, ces trois parties de la ville ont su garder une grande partie de leur physionomie et donc de leur authenticité de l'époque, c'est-à-dire celle de la ville forteresse.»

Pour en savoir plus

Coster, Joseph,
Geschichte der Festung Luxemburg seit ihrer Entstehung bis zum Londoner Traktate von 1867. Luxemburg, Druck und Verlag von V. Buck, 1869

Feitler, Edmond,
Luxemburg, deine Heimatstadt. Luxemburg, 1960

Gilbert, Pierre,
Luxembourg, la capitale et ses architectes; illustrations critiques du rôle de l'architecture dans la métamorphose d'une ville en un siècle. Luxembourg, 1986

Harpes, Jean,
Vieilles Demeures nobiliaires et bourgeoises de la Ville de Luxembourg. Une promenade historique, archéologique et généalogique à travers les vieux quartiers de la ville. Editions du Centre, Luxembourg, 1959

Jacquemin, Albert,
Burgbefestigungen der Stadt Luxemburg. Luxemburg, 1991

Jacquemin, Albert,
Die Festung Luxemburg von 1684 bis 1867. Luxemburg, 1994

Koltz, Jean-Pierre,
Baugeschichte der Stadt und Festung Luxemburg. I. Band. Von den Uranfängen bis 1867. Druck und Verlag der Hofbuchdruckerei Victor Buck, GmbH., Luxemburg, 1944

Koltz, Jean-Pierre,
Baugeschichte der Stadt und Festung Luxemburg. II. Band. Beschreibung und Schleifung der Werke. Druck und Verlag der Hofbuchdruckerei Victor Buck, GmbH., Luxemburg, 1946

Koltz, Jean-Pierre,
Baugeschichte der Stadt und Festung Luxemburg. III. Band. 1867-1920. Das Entstehen von Groß-Luxemburg. Druck und Verlag der Hofbuchdruckerei Victor Buck, GmbH., Luxemburg, 1951

Margue Michel / Pauly Michel,
Saint-Michel et le premier siècle de la Ville de Luxembourg, O.H. 1987, 1, pp. 5-83

Margue, Paul,
Wallmauern, Plattformen und Bollwerke. Wie die alte Stadt Luxemburg zur Festung wurde, O.H. 1993, 1, S. 32-53

Mersch, François,
Luxembourg: Forteresse et Belle Epoque. Luxembourg, 1976

Musée de l'Etat,
L'église Saint-Michel. L'église Saint-Michel a 1000 ans, 987-1987. Exposition de témoignages historiques, culturels et artistiques. Musée de l'Etat, Luxembourg, 1986

Trausch, Gilbert,
Le Luxembourg. Emergence d'un Etat et d'une Nation. Anvers, 1989

Trausch, Gilbert, (sous la direction de)
La Ville de Luxembourg. Anvers, 1994

Sommaire

L'Unesco
et le patrimoine mondial 9

Luxembourg,
fleuron du patrimoine mondial .... *Jean-Pierre Kraemer* 11

Préface .... *Jan Tanghe* 13

Introduction:
L'histoire de la ville de Luxembourg 17

Tableau synoptique 26

Description et inventaire du site 27

SECTEUR I: LA ZONE DE PROTECTION

1 Les quartiers anciens de la ville 32

Le promontoire rocheux du Bock 32
L'église Saint-Michel 36
Le Marché-aux-Poissons et les vieux quartiers qui l'entourent 36
La rue Wiltheim et la descente du Pfaffenthal 46
La porte de la rue Large 46
Le chemin de la Corniche, du Bock au plateau du Saint-Esprit 46
Le Palais grand-ducal 56
Le Palais de Justice 56

2 Le quartier gouvernemental
et la cathédrale Notre-Dame 62

La cathédrale Notre-Dame de Luxembourg 62
La Présidence du Gouvernement 68
Le Ministère des Affaires étrangères 68
L'Hôtel de Ville 74
L'église protestante 74

3 La ville basse du Grund et le plateau Rham 80

Le mur de Wenceslas 82
La Dinselpforte au Tour Jacob 82
Le site de l'abbaye Neumünster 86
Le plateau du Rham 90
Le Bisserwee et ses alentours 94

Secteur II : la zone tampon

1 La ville haute et le plateau Bourbon 98

Le Palais municipal (Cercle) 100
La place de la Constitution 100
La vallée de la Pétrusse 106
Le pont Adolphe 106
La BCEE 106
L'Arbed 116

2 Les faubourgs Pfaffenthal et Clausen 120

Le mur et les tours Vauban 120
Le Fort Thüngen 126
L'église Sainte-Cunégonde 134
La Tour Malakoff 134
La maison Robert Schuman 134

La justification de l'inscription 139
L'authenticité du bien 143
Pour en savoir plus 145
Les auteurs 151

Les auteurs

Luc Diederich

L'historien Luc Diederich est né en 1963. Il a passé une maîtrise en histoire et une maîtrise en échanges internationaux. En 1993, il fut l'un des principaux rédacteurs du dossier de candidature pour l'inscription de la ville de Luxembourg sur la Liste du patrimoine mondial de l'Unesco.

Alain Soldeville

Le photographe Alain Soldeville est né en 1957. Il est entré à l'agence ANA en 1987 et à l'agence RAPHO en 1990.

Depuis, il a effectué des reportages pour Géo, Stern, le Figaro-Magazine, le New York Times etc.

Aux Editions Saint-Paul, il a déjà publié deux livres sur le Luxembourg: Luxembourg capitale (1990) et Luxembourg. Ses châteaux (1996).

Konrad «Conny» Scheel

Conny Scheel, né en 1955, suit deux vocations: celle de photographe et celle d'acteur. Photographe indépendant, il a réalisé un livre de cuisine, des expositions et des diaporamas. Il est aussi connu comme dessinateur et illustrateur de livres.